LE
CONGRÈS DES ORIENTALISTES

CE QU'IL EST AUJOURD'HUI

LE ROLE IMPORTANT QU'IL PEUT ÊTRE APPELÉ A JOUER

DANS L'INTÉRÊT DU COMMERCE FRANÇAIS

En facilitant ses relations avec les Peuples de l'Orient

LE BUT *PRATIQUE* QU'IL DEVRAIT SE PROPOSER

PAR

CH^{LES} LE MANSOIS DU PREY

Membre correspondant du *Comité national français du Congrès des Orientalistes*,
Président d'honneur de l'*Académie Bysantine El Chark*,
Membre de diverses Sociétés savantes ou Associations charitables,
Secrétaire général *démissionnaire* de la première Session provinciale
du Congrès des Orientalistes.

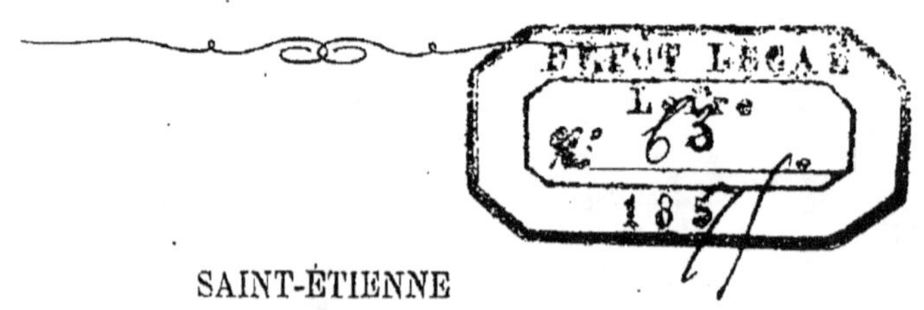

SAINT-ÉTIENNE

IMPRIMERIE J. BESSEYRE ET Cie

Rue de la République, 14

—

1875

N° __________

HOMMAGE DE L'AUTEUR

à ____________________________

____

____

____

____

____

Cette brochure devant être suivie ultérieurement d'un *Compte-rendu critique et analytique des travaux de la première Session provinciale du Congrès des Orientalistes*, prière de se faire inscrire, si l'on désire recevoir aussi cette deuxième brochure, chez l'auteur, 29, rue de la République, à Saint-Etienne (Loire).

DÉDIÉ

A Sa Sainteté LE PAPE.
A LL. MM.   LE SULTAN.
          LE ROI DE GRÈCE.
          L'EMPEREUR DE RUSSIE.
          LE ROI D'ESPAGNE.
          L'EMPEREUR D'AUTRICHE.
          LE ROI DE PORTUGAL.
          LE ROI DE PERSE.
          L'EMPEREUR DU BRÉSIL.
          LE ROI DE DANEMARK.
          LE ROI DES BELGES.
          LE ROI DE SIAM.
          LE ROI D'ITALIE.
          LE ROI DE CAMBODGE.
          LE MIKADO DU JAPON.
A LL. GG.   ISMAIL PACHA, Khédive d'Egypte.
          SIDI SADAK, Bey de Tunis.
A LL. Exc.   LE RÉGENT DE LA RÉPUBLIQUE DE SAN-MARINO.
          LE PRÉSIDENT DE LA RÉPUBLIQUE DE VÉNÉZUELA.

A mes Amis :

Baron TEXTOR DE RAVISI.
Comte DE CROIZIER.
Comte Antonio GRATI.

Aux savantes Académies :

SOCIÉTÉ D'AGRICULTURE, SCIENCES, ARTS ET BELLES-LETTRES DE LA LOIRE, à Saint-Etienne.
COMITÉ NATIONAL FRANÇAIS DU CONGRÈS DES ORIENTALISTES, à Paris.
ACADÉMIE EL CHARK, à Constantinople.
SOCIÉTÉ D'ETHNOGRAPHIE, à Paris.
SOCIÉTÉ AMÉRICAINE, à Paris.
SOCIÉTÉ DES ETUDES JAPONAISES, à Paris.

INTRODUCTION

L'on nous a souvent accusés, nous Français, d'être d'une regrettable ignorance en géographie et, malheureusement, nous avons dû courber la tête sous ce reproche trop mérité. C'est un fait incontestable, le Français, *en général*, ne voyage pas et néglige ainsi, par ses goûts casaniers, la seule méthode vraiment fructueuse d'étude de l'histoire et de la géographie. Que lui reste-t-il : les livres et traités plus ou moins sérieux, plus ou moins vrais, le plus souvent écrits dans une langue trop recherchée pour que la lecture en soit facile et agréable à d'autres qu'à des spécialistes, ou, dans un esprit de parti, préjudiciable à la vérité des faits.

Aussi, la masse de la nation française, à peine sortie des bancs du collége, s'empresse-t-elle d'oublier au plus vite le peu d'histoire et de géographie qu'elle a pu y apprendre et qui, mal digéré, lui paraît un bagage inutile.

Vienne un voyage obligatoire ou de fantaisie en France ou à l'étranger, qu'importe! les indicateurs sont là pour rappeler les heures de départ et d'arrivée, les haltes et buffets; les guides à la mode aussi, réclames payées des restaurateurs et maisons de jeu, offrent au voyageur le moyen le plus simple de tuer le temps en dépensant le plus d'argent possible. C'est tout ce que demande le touriste français indifférent à toutes les beautés d'un pays, qu'elles soient l'œuvre de la nature ou celle des hommes. Aussi, le Français, le Parisien surtout, fera-t-il, une fois en route, le tour du monde s'il le faut, sans rien visiter, ou plutôt sans rien voir, et ne rapportera-t-il souvent, d'un voyage à travers les plus beaux pays du monde, que des souvenirs de table d'hôte ou des curiosités fort coûteuses achetées aux antipodes et fabriquées. . . . . . . à Paris. Une seule chose le frappera, l'étonnera même, ce sera de rencontrer à l'étranger des gens assez ridicules pour parler des jargons plus ou moins baroques qu'il ne comprend pas, alors qu'il leur serait, selon lui, si facile de se servir de la langue française.

Aussi, après avoir risqué de mourir de faim, faute de pouvoir demander du pain, se hâte-t-il, dès qu'il a pu saisir quelques mots de la langue du pays, de les franciser en un patois *sabir*. Tout fier de son intelligence, s'il est enfin parvenu à se faire comprendre, il revient persuadé que toutes les langues étrangères peuvent se prononcer en français, *pour la commodité de tout un chacun,* comme dit Bilboquet.

C'est ce même Parisien, du reste, qui naît, vit et meurt dans cette capitale de l'art et de l'intelligence, sans même entrevoir les trésors de toute espèce qu'elle renferme, qui ne se fait une idée de la campagne que par les bois de Boulogne et de Vincennes, et qui serait fort embarrassé de distinguer un seigle d'un froment. Mais, en revanche, il connaît tous les cancans de la politique et des coulisses, le moindre scandale à peine éclos, le nom du vainqueur des courses et répète à la sortie d'une première le refrain saillant de l'opérette en vogue.

Cette coupable indifférence pour tout ce qui est science ou art n'est malheureusement qu'un des côtés de l'esprit du Français (pris toujours en général, ainsi que nous l'avons dit dès le début). De même qu'il a cette promptitude chevaleresque, irréfléchie et dangereuse (*la furia francese*), il possède aussi, au plus haut degré, ce que nos voisins appellent : *French Humbüg*.

Lui parle-t-on d'une découverte scientifique, de l'exploration d'un pays inconnu, d'une invention nouvelle ? il la bl...., en chansonne l'auteur, le ridiculise et l'envoie mourir à l'hôpital, quitte à lui élever une statue cent ans plus tard, alors que son œuvre, bafouée dans son pays, a été mûrement étudiée, approfondie et perfectionnée par une autre nation qu'elle a enrichie.

Après ce portrait vrai, mais peu flatté, de la majorité de nos compatriotes, le lecteur nous permettra d'esquisser aussi celui de la minorité qui, bien que peu nombreuse et ne produisant pas, à beaucoup près, la somme de résultats qu'elle pourrait produire pour des motifs que nous déduirons plus tard, suffit encore amplement aujourd'hui à faire de la France la première des nations, dans toutes les luttes de l'intelligence : sciences, en général, arts et inventions.

Chaque ville de France possède un petit nombre d'hommes sérieux et désireux de s'instruire, de collectionneurs et d'amateurs dont les travaux et les recherches, s'ils étaient connus, pourraient être d'une grande utilité pour la *vulgarisation* de la science. Malheureusement, certains motifs s'opposent à ce que le résultat, quelquefois très important, de leurs études, soit répandu : tout d'abord, leurs goûts et leurs aptitudes sont différents ; l'un s'occupe de philologie, l'autre d'anthropologie, celui-ci de numismatique, celui-là d'archéologie, d'art héraldique et de recherches généalogiques ; un autre de géologie, de mécanique ou de chimie ; certains collectionnent des tableaux, d'autres des armes, des émaux, des faïences, des animaux ou des insectes curieux, etc., etc. De cette diversité de goûts et d'études naît tout naturellement une impossibilité de cohésion de leurs travaux, dont les résultats ne sortent guère de leur cabinet ou d'un petit cercle d'amis, qui ont la confidence des productions du savant provincial, visitent seuls le musée du collectionneur, mais qui, manquant eux-mêmes des connaissances nécessaires pour porter un jugement impartial, dénigrent de parti pris ou s'extasient outre mesure, lui rendant ainsi le plus mauvais service, soit en le faisant douter de lui-même, soit en lui donnant des illusions sur son œuvre et une fausse et présomptueuse idée de son mérite personnel.

En tous cas, ces travaux et recherches ne sortent point du cabinet où leur auteur les cache précieusement, comme un avare son trésor, et sont perdus pour la science. Ils sont d'ailleurs forcément incomplets, et le savant de petite ville ne peut nécessairement aller au-delà d'une certaine limite, n'ayant pas à sa disposition les ouvrages et traités des spécialistes sur les traces desquels il marche. A moins qu'il n'ait une grande fortune, ce qui est la très rare exception ; sa bibliothèque est insuffisante à ses désirs et surtout à ses besoins.

Dans les villes d'une plus grande importance, à la vérité, il y a des bibliothèques dont certaines renferment des documents d'une réelle valeur scientifique ; mais là encore se rencontrent de nouvelles difficultés, de nouvelles entraves pour le travailleur.

La bibliothèque (1) n'a pas de catalogue, ou si elle en a un, il est mal fait ; mais, en revanche, elle possède toujours un bibliothécaire ! Nous l'avouons, en toute sincérité, la *présence* du bibliothécaire est au moins aussi préjudiciable aux savants que l'*absence* du catalogue.

Il y a deux sortes de bibliothécaires en province : le fonctionnaire municipal, nommé à ce poste parce qu'il y fallait un employé quelconque, chargé de la garde des livres et de répondre au public. C'est d'ordinaire un ancien employé de la mairie, nullement bibliophile et parfaitement incapable de distinguer un *in-4°* d'un *in 8°*, un *elzévir* d'un volume de *Charpentier*. Pour lui, son rôle se borne à arriver à son bureau à heure fixe et à en sortir au moment marqué par le règlement. Vient-il un lecteur demander les ouvrages parus sur telle ou telle matière, le digne fonctionnaire lui répond, de sa voix la moins aimable, qu'il n'y a pas de catalogue, et que, n'étant pas payé pour avoir dans la mémoire le titre de tous les volumes confiés à sa garde, il ne peut chercher dans ses rayons que des ouvrages dont on lui indique le titre et le nom d'auteur. Que le lecteur sache donc, avant d'entrer, quel livre il désire, au besoin même, sur quel rayon et dans quelle salle il est placé,

(1) Nous prions encore une fois le lecteur de vouloir bien remarquer que nous parlons toujours *de la généralité*. Il y a, heureusement pour la science, des exceptions.

s'il veut éviter de mécontenter M. le bibliothécaire. S'il y a un catalogue, la réception est à peu de choses près la même, mais au moins l'on a la chance, avec du temps, d'obtenir un livre désiré. Seulement, il est bien des lecteurs timides qui ne se hasardent jamais à pénétrer une seconde fois dans ce jardin des Hespérides.

Le second type du bibliothécaire de province est encore plus désagréable. C'est le savant, ou tout au moins l'érudit, qui a lui-même demandé l'emploi de bibliothécaire, afin de pouvoir, personnellement, pour ses travaux, fouiller à son aise dans les richesses de la bibliothèque. Ses réponses et ses fins de non-recevoir, bien que plus polies comme forme, sont exactement au fond les mêmes que celles dont nous parlions tout à l'heure. La bibliothèque est son bien, sa chose, son cabinet de travail, qu'il voudrait pouvoir fermer à tous les yeux ; le temps qu'il consacre à répondre et à atteindre un volume est perdu pour ses chères études et son humeur s'en ressent. Mais où il devient tout à fait intraitable, c'est lorsqu'un de ses compatriotes s'avise de vouloir s'occuper de recherches analogues aux siennes et de lui demander les ouvrages *ad hoc*. Demander à un enfant le gâteau qu'il mord à belles dents serait à coup sûr moins insensé que d'essayer d'obtenir, dans ce cas, du bibliothécaire, communication des sources auxquelles il entend être seul à puiser.

N'insistez pas auprès de lui, cher lecteur, et n'invoquez pas le règlement ni la protection de l'autorité municipale, cela serait inutile d'abord et risquerait fort de causer à votre bibliothécaire une attaque d'apoplexie. Le moyen serait excellent, il est vrai, pour se débarrasser de ce *gêneur*, mais il paraîtrait un peu vif.

Nous voudrions arrêter là cette critique des bibliothèques publiques, mais notre tâche nous y oblige,
nous devons encore signaler un désagrément plus
grave auquel est exposé celui qui veut pénétrer dans
ces sanctuaires administratifs. Certaines bibliothèques ont deux ou plusieurs bibliothécaires ou em-
ployés. Dans ce cas, attendez vous identiquement à
la réception peu encourageante, qui est de tradition,
mais ayez encore soin de savoir d'avance (comment ?
cela vous regarde) quel est le *département* spécial
de chaque employé, car si vous vous trompez et vous
adressez mal, l'on vous répondra que le livre demandé n'existe pas à la bibliothèque, alors que celui
qui vous éconduit ainsi sait pertinemment qu'il y
est, mais qu'il ne fait pas partie des rayons à lui
confiés.

Exemple : M. A. B.... travaillait depuis *dix* ans à
la bibliothèque......... (ne la nommons pas) à des
recherches historiques sur le Forez et le Bourbon-
nais. Tous les jours, il demandait tel ou tel ouvrage,
et le bibliothécaire auquel il s'adressait avait mille
fois causé avec lui de l'objet spécial de ses études.
Un jour, M. Aug. B..., flânant dans la bibliothèque
aperçoit, dans un rayon, des ouvrages d'une rare
importance pour son travail. Etonné, il demande au
bibliothécaire pourquoi, *depuis dix ans*, il ne lui
en a pas révélé l'existence. « Parce que ce rayon
n'est pas de mon département, » lui répond son
interlocuteur (*historique*).

Mais laissons les bibliothèques et passons à un
autre centre intellectuel, en province. Nous voulons
parler des Sociétés académiques.

Depuis quelques années, surtout, où l'étude des
langues, des sciences et des choses du passé a pris

une nouvelle extension, ces sociétés savantes sont devenues très nombreuses en France et nous ne pouvons qu'applaudir à ce réveil de l'intelligence. Selon l'importance des villes, ces sociétés s'occupent à la fois de toutes les branches de la science, et se divisent en sections, dans lesquelles se placent leurs membres, selon leur goût particulier, ou bien, ce qui est préférable, il s'en crée plusieurs dans la même ville, chacune d'elles s'occupant d'une spécialité.

L'avantage de ces sociétés est de permettre aux savants de la même ville ou du même département de se réunir, de se grouper. Le zèle de leurs membres est stimulé par l'émulation; leurs travaux ne restent plus enfouis dans leur cabinet, ils se produisent au jour, pas assez, il est vrai, mais enfin ils se produisent et pourraient être connus partout si les moyens que nous indiquerons plus loin étaient mis en usage.

Malheureusement les travaux de ces sociétés sont lus en séances, fort applaudis, puis imprimés dans le bulletin de la société et placés dans sa bibliothèque, dont ils ne sortent plus.

Quelques exemplaires du bulletin sont bien adressés, par voie d'échange, à d'autres sociétés amies; mais nous savons, par expérience, que s'ils sont acceptés et religieusement conservés par les sociétés correspondantes, ils sont rarement lus, *souvent même pas coupés*. Il serait cependant bien à désirer que toutes les sociétés provinciales correspondissent *sérieusement* entre elles, que leurs travaux fussent mutuellement lus, analysés et discutés, puis publiés par tous les moyens possibles; alors seulement l'on arriverait à la vulgarisation de la science et à un résultat utile à la masse de la nation. Dans ce but même, il serait à souhaiter que les sociétés académiques établissent entre elles des réunions départementales et même régionales où le public serait invité, soit gratuitement, soit avec une faible souscription destinée à couvrir les frais matériels.

Paris a tellement bien compris l'importance de cette question que tous les ans, à la Sorbonne, a lieu, sous les auspices du ministre de l'instruction publique, une réunion des délégués des sociétés savantes de la France entière. Mais Paris n'agit ainsi, selon nous, que par suite de son idée innée de *centralisation* dont nous sommes l'ennemi juré. C'est, au contraire, nous le disons bien haut, par la *décentralisation seule* que peut être obtenue la vulgarisation de la science et son application *pratique* aux besoins du commerce et de l'industrie, but que nous poursuivons et dont nous tenterons d'esquisser la nécessité pour la province.

Pour nous résumer, la province, avons-nous dit, possède un nombre bien plus grand de savants que l'on ne pourrait le supposer, mais disséminés aux quatre points cardinaux, presque sans relations entre eux, leurs travaux ne sortent pas d'un certain cercle étroit et ne profitent en rien à la masse, qui les ignore et par ce fait même reste indifférente et ignorante. Mais, on ne peut le nier, la bonne volonté de la province est digne de tous éloges et, sans la difficulté de cohésion de ses travaux, les résultats scientifiques obtenus par elle seraient précieux.

Voyons si Paris, disposant de leviers bien plus puissants, arrive à de meilleurs résultats.

Paris possède, dans ses nombreuses bibliothèques, des collections que l'étranger nous envie, ses académies, ses facultés, ses écoles spéciales et ses sociétés scientifiques sont composées des sommités de l'intelligence et de l'érudition.

Les facilités et les encouragements ne leur manquent certes pas : chaires de toute nature pour la discussion et la diffusion de leurs systèmes et de leurs idées, publicité gracieuse et hospitalière de la presse parisienne, dont le concours est d'avance acquis à tout progrès intellectuel, appui des ministères et des chancelleries pour la publication de leurs travaux et facilités de toute sorte pour leurs recherches et leurs explorations. Et cependant Paris produit relativement peu. C'est que, malheureusement, la plupart des maîtres de la science, les hommes parvenus à l'apogée des connaissances humaines, méconnaissant leur devoir envers leur prochain, arrivent trop facilement à se figurer qu'ils sont d'une essence autre que le commun des mortels. Leur célébrité les grise un peu. Semblables aux Fakirs et aux Brahmes de l'Inde, ils se drapent dans leur science qu'ils renferment précieusement en eux-mêmes au lieu de la répandre ; et, s'ils ne contemplent pas leur nombril, ils s'admirent eux-mêmes et se laissent admirer ; leur égoïsme les pousse fatalement à craindre que leurs auditeurs ou leurs lecteurs n'arrivent à profiter de leurs études et à les détrôner. Ils veulent bien être les pontifes d'un culte, mais d'un culte mystérieux dont le vulgaire ne puisse qu'admirer les cérémonies, sans en approfondir les dogmes, ni les comprendre. Ils veulent bien faire des cours, mais non donner des leçons, ni faire des élèves. Aussi, ne leur parlez jamais de décentralisation ; ils auraient trop à y perdre !

L'un d'eux, et certes *non pas l'un des moins*

célèbres, nous écrivait, il y a quelques jours, à propos du Congrès des Orientalistes : « Vous entreprenez une œuvre que certains trouveront fort belle et qui aura pèut-être pour résultat de faire connaître l'Orientalisme à des gens qui, sans votre Congrès, seraient restés totalement étrangers à ce genre d'études. Libre à vous. Vous êtes des *missionnaires* et des *frères prêcheurs ;* moi, je suis du *clergé sédentaire* et je ne puis vous suivre dans cette voie. »

Avec de tels principes et d'aussi étranges professions de foi de la part des célébrités de la science, par suite de l'impossibilité pour la province de commencer, elle-même, le mouvement progressiste qu'elle appelle cependant de tous ses vœux, la science et ses multiples applications seraient encore longtemps restées le privilége de quelques-uns, si la nouvelle génération scientifique n'avait, depuis quelques années, rompu ouvertement, en visière, avec la vieille école et ses idées rétrogrades surannées et, comprenant autrement qu'elle ses devoirs, institué :

L'OEuvre des Congrès internationaux

Les orientalistes, les archéologues ont déjà tenu diverses sessions, la société de géographie, à l'heure où nous écrivons, tient la sienne ; et, il y a quelques jours à peine, la société américaine (l'une des sections de la société d'ethnographie) remportait à Nancy le plus beau de tous les succès. Son congrès réunissait comme adhérents les souverains et les

chancelleries des principales puissances de l'Orient
et de l'Occident, ainsi que les hommes les plus dis-
tingués de la science, de l'enseignement, de la diplo-
matie, de la magistrature, du clergé, de la politique,
de la finance, de l'industrie, du commerce et du
monde artistique, au nombre de 1,500.

Ces glorieux résultats sont dûs à ce que les
organisateurs des congrès ne font pas seulement
appel à Paris, c'est-à-dire aux illustrations, aux maîtres de la science, aux professeurs de nos grandes
institutions nationales (les gloires de la science moderne); mais aussi, à l'étranger, surtout à la pro
vince, c'est-à-dire aux membres de l'Université, à
ceux des différents cultes et à ceux des sociétés
savantes; enfin, aux savants et aux amateurs encore
inconnus du public, mais qui bientôt prennent place
dans le domaine de l'érudition, dès qu'ils peuvent
faire connaître leurs travaux.

Ce qui fait la force des congrès, c'est qu'ils ne
s'adressent pas seulement aux *spécialistes*, mais :

A TOUT *le public instruit ;*

A tous les hommes de bonne volonté qui s'intéressent au progrès des connaissances humaines et
sont disposés à faire quelques sacrifices en vue de
ce progrès, *surtout du progrès décentralisateur
en province ;*

Aux protecteurs de la science et à ceux qui en
désirent la vulgarisation et l'application *pratique*
aux besoins du commerce et de l'industrie ;

Enfin, aux *personnes généreuses* qui s'intéressent
à toute bonne œuvre publique du moment qu'elles
y entrevoient un but utile et humanitaire.

Avec un tel programme, les sessions des congrès
internationaux ne peuvent manquer de recevoir un

chaleureux accueil, dans quelque pays qu'elles se tiennent, et de produire d'excellents résultats.

Leur but n'est pas caché! leur drapeau porte hautement leur devise! *Vulgarisation de la science et décentralisation.*

Suivons les donc dans leur œuvre et étudions en les qualités et les défauts ; surtout cherchons les moyens de remédier à ces derniers.

Mais comme ce que nous dirions d'un Congrès peut naturellement s'appliquer à tous les autres, nous n'en étudierons qu'un :

Le Congrès des Orientalistes

Jusqu'en 1864, il n'y avait, en France, qu'une seule grande Société s'occupant des choses de l'Orient : *la Société asiatique.* Ses travaux étaient incontestablement sérieux ; mais ils n'étaient connus que de ses membres et ne produisaient, en réalité, aucun autre résultat pratique que la publication, par certains d'entre eux, d'ouvrages trop sérieux et trop profonds pour être compris par d'autres que les rares initiés aux questions de cette nature. Quelques-uns de ses membres comprenaient cependant qu'il y avait un but plus noble à poursuivre, une entreprise utile à tenter : la vulgarisation de la science, la diffusion des découvertes et des travaux de quelques-uns au bénéfice de tout le public intelligent. Une scission se fit au sein de la Société asiatique, et l'*Athénée Oriental* fut constitué sous les auspices de la Société d'ethnographie, ainsi que la *Société amé-*

ricaine de France ; la première de ces deux sections s'occupant de tout l'Orient ; la seconde, spécialement de l'Amérique.

Nous retrouvons, parmi les membres fondateurs de l'Athénée, les noms les plus célèbres de la science ; la liste de ses présidents, de 1864 à 1875, donnera, du reste, une juste idée de l'importance prise, de prime abord, par cette Société naissante :

PRÉSIDENTS DE L'ATHÉNÉE ORIENTAL

(Liste chronologique)

1865 — TEXIER (Charles (❋, G. C. †), de l'Institut.

1866 — EICHHOFF (❋), de l'Institut.

1867 — GARCIN DE TASSY (O. ❋), de l'Institut.

1868 — DULAURIER (O. ❋), de l'Institut.

1869 — FOUCAUX (Ph. Ed.) (O. ❋, C. †), de l'Institut.

1870 — OPPERT (Jules) (❋, C. †), professeur à l'Ecole spéciale des langues orientales.

1871 — ROSNY (Léon de) (C. †), professeur à l'Ecole spéciale des langues orientales.

1872 — MAUREL (F.) (O. †), chimiste-manufacturier.

1873 — OPPERT (Jules) (❋ C. †), professeur de l'Ecole spéciale des langues orientales.

1874 — ROSNY (Léon de) (C. †), professeur à l'Ecole spéciale des langues orientales.

1875 — TEXTOR DE RAVISI (le baron) (O. ❋), ancien gouverneur de Karikal (Indes-Orientales).

Les fondateurs de l'Athénée, imbus d'idées jeunes, larges et grandes, firent appel aux jeunes savants, à la nouvelle école ; loin de vouloir circonscrire la science dans un cercle étroit, pour le bénéfice de quelques privilégiés seuls, ils firent de l'Athénée une véritable chaire de publicité, ouverte à tous les Orientalistes pour la vulgarisation de leurs travaux, et réunirent tous leurs efforts pour encourager et développer, *dans le public,* le goût des études relatives à l'Orient. Un certain nombre de membres de la Société asiatique, applaudissant à leur programme, les suivirent dans leur scission ; d'autres, il est vrai, les critiquèrent amèrement et ne leur pardonneront jamais d'être descendus de leur piédestal et de s'être dépouillés du prestige de membres *d'un clergé sédentaire* pour se faire *frères prêcheurs* et chercher, en véritable *missionnaires,* à faire pénétrer leur science et leurs travaux dans un public jusqu'alors complétement indifférent aux études orientales.

Loin de s'effrayer de ces critiques passionnées et jalouses, l'Athénée aplanit la voie tracée par ses fondateurs. L'importance de ses travaux croissant en même temps que le nombre de ses membres augmentait, bientôt il put rivaliser facilement avec son aînée la Société asiatique. L'égaler, c'était beau ! la surpasser, ce fut mieux encore. Ce résultat inespéré fut atteint par l'Athénée oriental au

Premier Congrès international

L'idée première des sessions internationales et sa réalisation sont exclusivement dues à l'un de nos plus jeunes Orientalistes, M. Léon de Rosny, professeur à l'Ecole spéciale des langues orientales à Paris. Sans s'émouvoir des difficultés d'une pareille entreprise, fort et résolu contre toutes les entraves qu'il devait rencontrer à chaque pas, qu'elles vinssent de l'administration ou de certains Orientalistes eux-mêmes, il persévéra dans la tâche qu'il s'était imposée. Seul, ou à peu près, à part quelques vrais amis de la science et du progrès, parmi lesquels MM. Madier de Montjau et le capitaine le Vallois, dont nous sommes heureux de citer ici les noms, il entama bravement la lutte contre la routine et fonda :

Le Comité national français du Congrès des Orientalistes

Chargé de préparer les sessions internationales, par la publicité nécessaire, de recueillir les adhésions, de recevoir les travaux envoyés, de les analyser et d'en faire un compte-rendu préparatoire, afin que chaque membre du Congrès en connût parfaitement, d'avance, le programme et pût, assez à temps, préparer la réfutation desdits travaux, en relever les erreurs ou les omissions, ou encore les compléter par de nouveaux raisonnements et de nouvelles preuves à l'appui, sans préjudice, bien entendu, des incidents de séance et des discussions spontanées. Là ne devait pas se borner le rôle du Comité, et les soins matériels d'organisation et d'administration intérieure des sessions lui incombèrent naturellement.

A cette tentative courageuse, les Sociétés savantes de Paris restèrent indifférentes, presque hostiles, ne croyant pas à une réussite possible ; le ministre de l'instruction publique laissa faire, mais n'accorda malheureusement point son précieux patronage.

Mais la province s'était émue, l'étranger comprit la grandeur de l'idée neuve, les puissances étrangères et les chancelleries apportèrent au persévérant novateur leur concours, et celui des savants les plus illustres lui fut bientôt acquis.

Bref, en septembre 1873, le Congrès de Paris obtenait environ 1,300 adhésions et 200 personnes assistaient aux séances, où furent discutées et traitées les plus hautes questions de philosophie, d'histoire, de linguistique comparée et d'archéologie. Le but *pratique* des Congrès n'y fut pas oublié et, nous le voyons par le compte-rendu des séances (pages 304 à 345), des communications (1) très importantes pour le commerce français y furent faites sur : *la science médicale au Japon — les engrais de l'agriculture japonaise — l'indigo japonais — les vers à soie au Japon, en Chine et en Australie — le minerai de cuivre au Japon — enfin la minéralogie japonaise.*

Mais le fait capital du Congrès, son plus beau et son plus légitime succès, ce fut l'adoption par acclamations du système de transcription des textes japonais, en caractères romains, présenté par son auteur, M. Léon de Rosny. Depuis de longues années déjà le savant professeur préparait cette révolution philologique. Fort de son expérience, de sa parfaite connaissance de la langue japonaise, et certain d'avance de l'approbation de la cour du Mikado, dont ses relations particulières lui permettaient de connaître les désirs, à ce sujet ; il ne se borna pas à présenter simplement au Congrès l'idée, déjà fort belle

____

(1) MM. Madier de Montjau, comte de Montblanc, Léon de Rosny, Guérin Menneville, Inamura Warrau, etc., etc

en elle-même. Il la présenta accompagnée de tous les moyens pratiques de la mettre à exécution, apportant non seulement un alphabet complet, mais de saisissants exemples de transcription des textes japonais. Le système fut successivement discuté par de savants Japonistes et par les délégués du Japon, puis, ainsi que nous l'avons dit, approuvé et adopté par acclamations.

Ce fait seul, à défaut d'autres, devait amplement prouver aux détracteurs de l'idée des Congrès quels résultats l'on pouvait en espérer et leur montrait désormais pour l'Orientalisme un avenir brillant et certain.

Sol Oriens discutit umbras !

L'œuvre était née viable, sa première manifestation avait été un triomphe, le Comité national français avait prouvé sa force et la puissance de son initiative ; il n'avait plus qu'à étendre ses relations, à perfectionner sa création, afin de pouvoir transporter hardiment son système de diffusion *utile* de la science dans tous les grands centres intellectuels.

D'après ses statuts, à la dernière séance du Congrès à Paris, il fut procédé, par vote, au choix du siége du prochain Congrès international. Londres fut désigné. Le deuxième Congrès eut lieu à Londres en août 1874. Il obtint à peu près le même nombre d'adhésions que celui de Paris, et le bilan de ses travaux scientifiques fut aussi beau. Les questions qui n'avaient pu être entièrement résolues à Paris le furent à Londres, en même temps que d'autres, nouvelles, tout aussi importantes.

Un seul point laissait à désirer : *La partie pratique et commerciale* que doivent avoir ces grandes assises de la science y fut oubliée, ou plutôt élaguée comme secondaire. Cela se conçoit, les Anglais, par leurs nombreux comptoirs dans l'Inde, ont acquis déjà une connaissance suffisante de l'Orient, de ses mœurs, de ses langues, de ses productions et de ses travaux, qui leur permet de traiter avec ses habitants et d'y avoir de lucratives relations commerciales. Ces avantages et ces facilités font défaut à notre commerce français. Nous terminerons ce simple historique des Congrès internationaux en disant qu'à la dernière séance, selon les précédents, Saint-Pétersbourg fut désigné pour le siége du Congrès de 1876, malgré les efforts des membres allemands qui eussent préféré Berlin. *Le droit*, en cette circonstance du moins, *ne put être vaincu par la force.*

Le Congrès tiendra donc sa troisième session internationale à Saint-Pétersbourg en 1876. Ayant à sa disposition les mêmes éléments, la même puissance et le même zèle pour la propagande nécessaire, sa réussite n'est pas plus douteuse que celle des deux sessions précédentes. Mais il est à craindre que, suivant l'exemple des membres du Congrès de Londres, et pour les mêmes motifs, les adhérents au troisième congrès ne laissent de côté, comme superflue, la discussion des intérêts du commerce international et n'aient qu'une session purement scientifique. Telle n'était cependant pas, nous l'avons démontré au début, la pensée du fondateur de l'œuvre, telle n'est pas non plus la pensée des dévoués collaborateurs qui, depuis la session de Paris, se sont réunis à lui et lui ont apporté l'appui de leur personnalité, de leur expérience et surtout de leur dévouement sans bornes à l'idée première de décentralisation et de vulgarisation de la science, au profit de la masse du public. Il y avait là un danger capital. Il fallait un remède immédiat et radical. Il ne se fit pas attendre et, parallèlement aux sessions internationales, simultanément avec elles, surgirent :

Les Sessions provinciales du Congrès des Orientalistes

Là encore nous retrouvons M. Léon de Rosny, M. Madier de Montjau, toujours fidèles à leurs principes, mais nous y rencontrons aussi les noms de leurs nouveaux collaborateurs : MM. le baron Textor de Ravisi, ancien gouverneur de Karikal (Indes-Orientales); Lévy Bing, Julien Vinson, Léon Cahun, Castaing, d'Hervey de Saint-Denis, Duchâteau et d'autres non moins connus et tout aussi dévoués.

La première idée de ce perfectionnement du comité national français du Congrès des Orientalistes est due à M. le baron Textor de Ravisi. Ayant été, pendant dix ans, gouverneur de notre colonie de Karikal (Indes-Orientales), ayant vécu au milieu des Indiens et des colons, étudié les divers idiomes du pays, son histoire, ses religions, son archéologie et sa littérature, par goût ; ayant, par suite de ses fonctions, dû s'occuper aussi, fréquemment, des questions commerciales de l'Inde, de ses rapports avec l'Europe et surtout avec la France, M. de Ravisi, mieux que tout autre, pouvait servir d'utile intermédiaire entre la science et le commerce eúropéen, dont il saurait défendre les intérêts, et les peuples d'Orient dont il connaissait aussi les désirs et les besoins. Dès 1867, M. de Ravisi s'était fait avantageusement connaître dans l'Orientalisme, par une

discussion soutenue à la Sorbonne sur diverses inter-
prétations d'idoles boudhistes. Membre de la Société
asiatique, plus tard de l'Athénée Oriental, dont il
devint bientôt sous-directeur, M de Ravisi était, au
Congrès de Londres, le délégué de l'Inde. Ses récits,
ses travaux personnels, ainsi que ceux qu'il soumit
au Congrès, comme délégué, furent fort remarqués,
et, peu après la session, il fut porté à la présidence
de l'Athénée Oriental, qui se réorganisait sur de nouvelles bases.

Le nouveau président fit aussitôt part à l'Athénée
Oriental de la crainte, fondée sur le résultat du Congrès de Londres, que les futurs congrès internationaux ne continuassent à laisser de côté les questions
commerciales et industrielles dont la solution était
si impatiemment attendue et désirée par notre commerce, pour ne s'occuper que de science exclusivement. Il proposa de créer, spécialement pour la
France et les colonies, des sessions *provinciales* du
Congrès des Orientalistes, sessions dans lesquelles
devait être réservée à la discussion des questions pratiques intéressant les relations des peuples d'Orient
et d'Occident entre eux, une part au moins aussi
large qu'aux discussions scientifiques et littéraires.
Le projet proposé fut aussitôt mis à exécution, et le
26 décembre 1874 eut lieu la première session inau-
gurale. Cette séance fut des plus brillantes. Un public
d'élite répondit à l'appel des organisateurs ; les dames
même voulurent bien honorer de leur aimable présence cette fête scientifique, qui restera, dans les
souvenirs des membres de l'Athénée Oriental,
comme un des plus agréables et des plus précieux
de leur association. Le but de l'œuvre nouvelle fut
exposé.

A cette séance, Saint-Etienne (Loire) fut désigné comme siége de la première session provinciale, et M. le baron Textor de Ravisi, directeur-président de l'Athénée Oriental, fut aussi désigné par les suffrages des assistants pour présider cette session en 1875. Ces deux choix étaient dictés par de fortes raisons : Tout d'abord, M. de Ravisi, fonctionnaire de l'administration des finances, aujourd'hui, habite Saint-Etienne ; d'autre part, Saint-Etienne qui ne comptait en 1835 que 50,000 habitants en avait, en 1855, 60,000 et en possède actuellement plus de 140,000. C'est la septième ville de France, et il n'y avait pas plus de raisons de commencer la série des sessions provinciales par Lyon, Marseille, Bordeaux que par elle, toutes les grandes villes manufacturières de France devant successivement avoir leur session. Enfin, et c'est là la raison principale, au Congrès de Paris, en 1873, les seules branches de commerce et d'industrie dont l'on se soit occupé furent : *la séri- culture, l'industrie des soies, la minéralogie et la métallurgie*, dans l'extrême Orient. Les questions posées par le commerce français ne purent être toutes résolues, faute de temps, et c'est l'un des principaux motifs qui ont désigné au Comité national français Saint-Etienne comme siége *naturel* de la première session provinciale, afin qu'au centre même de ces industries spéciales, au milieu de gens du métier, intéressés plus que personne à leurs progrès, toutes les questions ajournées pussent être traitées et que d'autres importantes, qui auraient pu être omises en 1873, fussent présentées et discutées *ex professo*. La date de la session de Saint-Etienne fut fixée du 19 au 25 septembre 1875. L'idée décen- tralisatrice de M. de Ravisi allait donc avoir sa première manifestation et sa réalisation, sous ses yeux, en grande partie par ses soins, et sur un théâtre digne d'elle. Elle allait être éminemment *provinciale* et *locale*. Les intérêts spéciaux du commerce stéphanois allaient y être défendus, de même que, dans les sessions suivantes, la branche de commerce et d'industrie de chaque ville, siége d'une session du Congrès, devait être plus spécialement étudiée.

Dès le commencement de l'année 1875, grâce à l'activité de M. de Ravisi, une commission locale d'organisation était formée, composée de :

MM.

PALIARD DU COLOMBIER (Félix), avocat, secrétaire général de la mairie de la ville de Saint-Etienne, rue des Gauds, 36.

Dr MAURICE, secrétaire général de la Société d'agriculture, industrie, sciences, arts et belles-lettres du département de la Loire, rue de la Croix, 9.

LE MANSOIS DU PREY, membre correspondant de l'Athénée Oriental, — Directeur de la Banque général de Crédit, rue de la République, 29.

PORTE (Edmond), membre correspondant de l'Athénée Oriental, — négociant, place de l'Hôtel-de-Ville, 8.

LUQUET (Denis-Emile), premier aumônier de l'hospice de la Charité, rue Valbenoîte, 40.

CHAPELLE, avocat, bibliothécaire de la Société d'agriculture, industrie, sciences, arts et belles-lettres du département de la Loire, cours Saint-Paul, 10.

Sous la présidence de M. de Ravisi, cette commission s'empressa d'adresser des invitations aux Orientalistes, aux Sociétés savantes, aux voyageurs en

Orient, au haut commerce et aux chancelleries de France et de l'étranger. Elle élabora un règlement de la session, devant servir de type aux règlements des sessions ultérieures. Dès le 28 mai, elle avait recueilli un nombre suffisant d'adhérents pour qu'à l'Assemblée générale le règlement pût être légalement approuvé par les membres souscripteurs de la session, ainsi qu'il le fut ensuite par le comité central, à Paris, dans la séance du 12 juin. A cette même assemblée générale furent nommés, conformément à l'article 23 du règlement, les membres du bureau devant présider et diriger les discussions et les travaux de la session. Voici le résultat de ces élections :

BUREAU DE LA Ire SESSION PROVINCIALE

SAINT-ÉTIENNE — 1875

Elections de l'assemblée générale du 28 mai 1875

Vice-présidents :

M. le docteur MICHALOWSKI (O. †), vice-président de la Société d'agriculture, sciences, industrie, arts et belles-lettres de la Loire, président de la section des sciences.

M. le docteur MAURICE, secrétaire général de la Société d'agriculture, sciences, industrie, arts et belles-lettres de la Loire.

Secrétaire général :

M. le MANSOIS DU PREY, *membre correspondant de l'Athénée Oriental*, directeur de la banque générale de Crédit, à Saint-Etienne.

Bibliothécaire-Archiviste :

M. CHAPELLE, avocat, délégué cantonal de l'instruction publique, secrétaire de la section des lettres
de la Société d'agriculture, sciences, industrie,
arts et belles-lettres de la Loire.

Secrétaires rédacteurs :

M. BURDEAU (✳), professeur de philosophie au Lycée
de Saint-Etienne.
M. FAURE, japoniste, employé à la mairie de Saint-
Etienne.

La première période des travaux de la session :
invitations — publicité — organisation prélimi-
naire, était close, et la seconde phase allait commencer ; c'est-à-dire la réception des travaux et
mémoires envoyés, leur classement méthodique,
leur analyse et compte-rendu, devant permettre aux
membres du bureau de présenter dès l'ouverture
de la session du Congrès un programme des diverses
séances accompagné d'un compte-rendu analytique
des travaux, qui en rendît la discussion plus prompte
et plus facile.

Comme nous avons fait partie du bureau de la
session, en qualité de secrétaire général, jusqu'au
30 juillet, époque à laquelle nous avons démissionné,
et que nous faisons partie de la commission d'organisation, depuis sa création, le lecteur comprendra
qu'il ne nous appartient pas de faire, des actes du
bureau ou de la commission, un éloge qui serait
déplacé sous notre plume. Nous nous bornerons à
dire que, tous deux, ils ont rempli leur mission de

confiance et que le succès est venu récompenser leurs efforts.

La session n'étant pas encore ouverte à l'heure où nous écrivons, nous ne pouvons en constater la réussite, mais nous pouvons la prévoir.

En effet, les plus sérieuses adhésions lui sont déjà acquises et lui arrivent tous les jours, non-seulement de Saint-Etienne, mais de tous les points du globe. Diverses Chambres de commerce et les Sociétés savantes les plus renommées y enverront des délégués, quelques chancelleries ont annoncé qu'elles s'y feraient représenter et les Orientalistes les plus éminents ont promis leur concours.

Parmi les noms des savants ayant envoyé ou promis des travaux pour la session, nous citerons MM. Ed. Foucaux, Garcin de Tassy, Schœbel, Madier de Montjau, Moïse Schwab, Hervet, Léon Cahun, J. Vinson, Léon de Rosny, Duchâteau, Chabas, marquis d'Hervey de Saint-Denis, H. Chavée, Emile Burnouf, Holmboe, comte Grati, Synvet, Baudin, Jacolliot, comte de Croizier, le lieutenant de vaisseau Delaporte, Lévy-Bing, Sarrazin, etc., etc. La plupart des travaux reçus ont déjà été analysés et nous n'hésitons pas à le proclamer bien haut : certaines de ces analyses, bien qu'elles soient l'œuvre d'Orientalistes de province, dont le nom est encore inconnu du monde savant, peuvent être presque rangées au même niveau que les travaux eux-mêmes des maîtres de la science moderne, et ce ne sera pas là le côté le moins piquant du Congrès.

Pour la partie commerciale et les relations des peuples entre eux, les communications seront incontestablement fort intéressantes, car, outre les nombreux mémoires envoyés, les Chambres de commerce de Saint-Etienne et de Lyon, ainsi que les Chambres syndicales ont été invitées à présenter un programme des questions *pratiques* qu'elles désiraient voir élucider, et quelques notabilités du commerce de la région ont déjà promis de prendre personnellement part aux discussions.

La lecture des listes des adhérents, à la session de Saint-Etienne, serait, à elle seule, un grand enseignement, car on y voit confondus des hommes de race et de nationalités bien différentes, d'opinions bien opposées, de croyances diverses, ce qui prouve qu'une pensée humanitaire et patriotique saura toujours réunir les cœurs généreux, quelque soient d'ailleurs les divergences des caractères. Pourtant quelques personnes timorées se sont émues de ce résultat inévitable et ont exprimé leurs craintes qu'il ne fût présenté au Congrès des travaux et mémoires dont les idées *philosophiques* ou *religieuses* blesseraient peut-être les convictions et les principes de certains membres du public ; quelle serait, dans ce cas, l'attitude du bureau ? Et les idées émises seraient-elles jugées *ex professo* par les Congrès ?

Le règlement a prévu le fonctionnement d'une commission d'examen et de présentation des travaux et mémoires envoyés au Congrès. Il faut admettre qu'elle s'acquittera de sa tâche avec délicatesse, indépendance et justice.

Quant aux discussions verbales, il faut encore admettre que les choses se passeront à Saint-Etienne comme elles se sont passées aux Congrès internationaux de Paris et de Londres, où des membres des différents cultes et des représentants des différentes écoles philosophiques et scientifiques se sont trouvés en présence.

La lutte académique, en ce qui concerne les matières religieuses et philosophiques, ne pouvant avoir lieu publiquement qu'aux points de vue scientifique, philologique, historique et nullement au point de vue doctrinal ou dogmatique, la discussion, disons-nous, a été des plus courtoises et des plus instructives.

Les présidents des séances du Congrès ont aidé à ce résultat capital en dirigeant les discussions avec tact et modération, et, au besoin, en ramenant les orateurs (qui très rarement ont essayé de les franchir) dans les limites naturelles de la discussion historique, scientifique ou philologique.

Les séances des Congrès Orientalistes sont des séances scientifiques et littéraires et non des chaires de propagande religieuse ou philosophique.

Il est du devoir des bureaux de ne pas laisser modifier leur programme, déjà si large et si ouvert à la libre discussion.

Les adhérents qui assisteront aux Congrès peuvent donc être rassurés sur la bonne et prudente tenue des séances du Congrès de Saint-Etienne et être certains que le *pour* et le *contre* seront entendus dans les limites équitables du plus profond respect de la liberté de discussion et des croyances respectables et respectées des auditeurs.

Il a été décidé, en outre, que la session ne couronnerait aucun mémoire, mais constaterait seulement les opinions émises et les réfutations et controverses qui seraient présentées. Au public à faire son choix en toute connaissance de cause, après avoir lu et entendu.

Mais, en revanche, le bureau réservera des récompenses pour les ouvriers et les éditeurs de la typographie orientale, parce que, à leur égard, il y a des faits matériels et positifs à apprécier qui peuvent réunir les suffrages en toute certitude.

Il paraît juste que les Orientalistes essayent d'acquitter *nominativement*, autant qu'il est en leur pouvoir, leur dette de gratitude envers leurs modestes et trop inconnus auxiliaires et aussi envers leurs savants collègues MM. les éditeurs de typographie orientale, qui font de la science plutôt que de la spéculation, car la lecture de leurs publications spéciales n'est encore goûtée que par un public très restreint.

La première séance provinciale du Congrès des Orientalistes à Saint-Etienne sera publique (19 septembre 1875).

L'ouverture des travaux sera offerte à la municipalité de la ville de Saint-Etienne.

M. le secrétaire général de la mairie sera le secrétaire de la séance.

MM. les conseillers municipaux, MM. les conseillers d'arrondissement, MM. les conseillers généraux — et les autorités supérieures (religieuses, judiciaires, civiles et militaires) résidant à Saint-Etienne seront invités et auront des places réservées.

Le programme de la séance sera mis à la disposition de la mairie ; — cependant le projet suivant lui sera soumis à titre de renseignement et de proposition :

1° Discours de M. le maire ou de M. le délégué de la municipalité de Saint-Etienne ;

2° Discours de l'ex-directeur de l'Athénée Oriental ;

3° Discours du directeur actuel de l'Athénée ;

4° Rapport sur les travaux de l'Athénée Oriental en 1874 par le secrétaire général de l'Athénée ;

5° Rapport sur les travaux de la session de Saint-Etienne par le secrétaire général de la session de Saint-Etienne ;

6° Distribution de récompenses aux éditeurs et aux ouvriers de la typographie orientale. (Article 3 du règlement.)

La deuxième et la troisième séances seront offertes *à la Société d'agriculture, industrie, sciences, arts et belles-lettres du département de la Loire,* à Saint-Etienne.

La présidence et la composition du bureau seront à la disposition de cette Société académique.

Les mémoires et travaux envoyés pour la session lui seront communiqués, et elle indiquera ceux qui lui conviendront pour être discutés à ses deux séances.

Cette Société académique fera, en outre, un programme des questions qu'elle désire plus particulièrement entendre discuter devant elle; programme qui sera envoyé, le plus tôt que faire se pourra, aux Orientalistes compétents. (Article 5 du règlement.)

La quatrième séance sera offerte à la Chambre de commerce de Saint-Etienne.

La présidence et la composition du bureau seront à sa disposition.

Les mémoires et travaux concernant *l'industrie, le commerce, les relations des peuples entre eux,* lui seront réservés.

De plus, la Chambre de commerce sera priée de faire un programme des questions *pratiques* qu'elle désire poser et entendre discuter devant elle, programme qui sera envoyé, le plus tôt que faire se pourra, aux savants compétents. (Article 6 du règlement.)

Les cinquième, sixième et septième séances seront réservées à la Société de l'Athénée Oriental. Elle en disposera en faveur de ses membres et des savants étrangers qui assisteront à la session de Saint-Etienne.

L'Athénée fera également un programme des questions qu'il désire plus particulièrement voir traiter au Congrès de Saint-Etienne. (Article 8 du règlement.)

Outre ces sept séances, des séances de discussions et de controverses seront organisées, selon les besoins et d'après les incidents qui se produiront.

Ces séances spéciales seront intercalées entre les séances ordinaires.

Le bureau de ces séances spéciales sera celui de la session provinciale, qui s'adjoindra les savants les plus compétents dans les matières en discussion. (Article 9 du règlement.)

Pour clore la session, il sera offert gratuitement à MM. les membres souscripteurs et à leurs *deux* invités un concert de musique orientale et une représentation théâtrale.

L'œuvre représentée sera tirée du répertoire japonais, comédie traduite en français par M. Léon de Rosny, ancien directeur de l'Athénée Oriental, professeur à l'Ecole spéciale des langues orientales.

Le public ne sera admis à cette représentation que pour les places restées disponibles et aux prix que fixeront les commissions de théâtre et de musique.

Une quête sera faite à cette représentation en faveur des pauvres de la ville de Saint-Etienne. (Article 10 du règlement.)

Par les soins d'une commission spéciale, il sera organisé une Exposition orientale.

Un catalogue raisonné de l'Exposition sera publié avec les noms des propriétaires des objets exposés.

L'entrée à l'Exposition sera gratuite pour les exposants, les membres de la session et les invités.

Le public sera admis à visiter cette Exposition moyennant une faible rétribution.

La commission fixera, elle-même, le prix d'entrée et les jours d'exposition publique. (Article 17 du règlement.)

Le soir de la première journée, il y aura un grand banquet, par souscriptions, pour MM. les membres du Congrès, auquel seront invités MM. les membres de nationalité étrangère.

Le banquet sera précédé d'une réunion de présentation des membres étrangers aux membres locaux, présentation qui sera faite par les soins du Président, assisté des membres du bureau de la commission d'invitations. (Art. 18 du règlement.)

MM. les membres de la session auront droit à deux cartes d'invitation pour toutes les séances ainsi que pour la représentation théâtrale, l'exposition, etc., etc.

Les hommes invités se joindront à MM. les membres souscripteurs.

Une partie de la salle sera réservée aux dames invitées qui voudront bien honorer les séances de leur aimable présence. (Art. 20 du règlement.)

Le montant de la cotisation des membres souscripteurs pour la session de Saint-Etienne est fixé à 10 fr. et celui du diplôme et de la médaille commémorative à 5 fr.

Les dames seront admises à être membres de la session au titre de membres ordinaires ou à celui de *membres patronnesses*, à leur choix.

Les membres de la session, une fois leur sous-cription acquittée, restent en dehors de toute responsabilité financière, tous les frais des congrès étant à la charge de la Société elle-même. (Art. 28 du règlement.)

La Session de Saint-Etienne acceptera les programmes et appels en faveur de leurs œuvres faits par les *sociétés scientifiques ou charitables qui s'occupent de l'Orient*. Les sociétés charitables, néanmoins, devront avoir pour objet la propagation de l'instruction, les relations ou le rapprochement des peuples entr'eux. (Art. 31 du règlement.)

Nous appellerons d'avance l'attention du lecteur sur une des questions capitales qui seront traitées à Saint-Etienne : la présentation des monuments Khmer rapportés du Cambodge par le lieutenant de vaisseau Delaporte et reconstitués en ce moment par lui. M. le comte de Croizier, l'un des promoteurs de l'expédition, communiquera le résultat de ses travaux sur l'art Khmer, les légendes recueillies par lui, ainsi que ses essais de déchiffrement des inscriptions de ces monuments, de ces ruines splendides d'une antique civilisation. M. Delaporte fera l'historique de la mission, de ses travaux et de ses peines et racontera l'héroïque dévouement du commandant de Lagrée, du lieutenant de vaisseau Francis Garnier et du regretté Louis de Carné, morts pour la science. Ce sera un honneur pour St-Etienne de payer un juste tribut d'éloges à la mémoire de ces hardis et savants explorateurs d'un monde et d'un art disparus aujourd'hui et dont les précieux vestiges eussent, sous peu, disparus à leur tour, sans eux. Ce dévouement souvent fatal du navigateur, pour la science est la plus belle marque d'amour qu'un grand cœur puisse donner à sa patrie, et nous voudrions voir gravés, en lettres d'or, sur tous les temples de la science ces mots sublimes du jeune Louis de Carné, à son lit de mort :

Se dévouer, c'est vivre!

Se dévouer jusqu'à la mort, c'est survivre!

Nous terminerons ici l'historique du *Congrès des Orientalistes* et de ses différentes sessions internationales et provinciales. Nous l'avons dit, tout nous garantit pour la session de Saint-Etienne le plus brillant succès. Nous rendrons compte, du reste, de cette session, dans une seconde brochure, aussitôt après la clôture de ses travaux, et nous espérons bien ne pas avoir à revenir sur nos prévisions.

Si le lecteur veut bien nous suivre encore quelques instants, nous aborderons la dernière partie de cette étude :

Le but pratique que le Congrès des Orientalistes devrait se proposer

Nous l'avons dit, de très importantes questions commerciales et industrielles seront traitées à la session de Saint-Etienne ; d'autres, non moins importantes, seront successivement traitées à chaque session provinciale nouvelle et chacune de ces sessions empruntera à la branche d'industrie du pays une couleur particulièrement locale. En quelques années, tous les différents genres de commerce et d'industrie de la France et des colonies auront ainsi été étudiés, dans leur rapport réel ou possible, avec les productions similaires de l'extrême Orient. Ce résultat sera fort beau, fort utile surtout au point de vue théorique, mais sera-t-il suffisant? Nous disons : Non!

Le commerçant français n'a pas seulement besoin de connaître de quelle façon l'industrie qu'il exploite en Occident est exploitée par ses confrères d'Orient, d'être éclairé sur les perfectionnements qu'il peut apporter à sa fabrication et sur les débouchés qu'il peut rechercher.

Il a, en outre, journellement besoin d'être sérieusement renseigné sur les prix des marchés de l'Orient, sur les progrès réalisés, enfin sur les correspondants eux-mêmes avec lesquels il peut être amené à nouer des relations. C'est là le côté *pratique* de la question, et malheureusement, à notre sens, les congrès ne l'ont pas prévu.

Il est à craindre qu'après chaque session provinciale le souvenir des discussions entendues ne s'efface, en peu de temps, de l'esprit du public, qu'il ne s'intéresse que médiocrement aux sessions suivantes et n'y participe même pas.

Il faut donc trouver un moyen de relier entre elles les sessions successives du Congrès des Orientalistes, en province, au double point de vue de la science et des intérêts commerciaux.

Au point de vue scientifique, le moyen est facile : Dans toutes les villes où le Congrès tiendra ses assises, il est certain que, non-seulement ses premiers adhérents seront des membres des sociétés académiques, mais que son comité local d'organisation sera, en grande partie, recruté dans leur sein. Aussitôt la session terminée, ces sociétés n'ont qu'à désigner un comité chargé de continuer et de resserrer les relations entamées avec le Comité central de Paris et de se mettre en rapport aussi avec le Comité local de la ville, siége du futur Congrès. Dé la sorte, en peu de temps, il existera en France un réseau de Comités, correspondant entre eux et avec le Comité directeur, et recevant immédiatement toutes les communications scientifiques intéressantes.

Au point de vue commercial, le moyen, bien que présentant une plus grande difficulté d'exécution, pourrait être le même et nous sommes heureux, en cette circonstance, de nous trouver en communauté d'idées avec MM. Madier de Montjau et Léon Cahun, qui ont bien voulu nous faire part de leurs idées à cet égard.

Voyons quelle est la situation faite au commerce aujourd'hui par l'administration à laquelle incombe la défense de ses intérêts.

Dans la plupart des villes manufacturières, le nombre des puissances étrangères qui y sont représentées est fort restreint.

A Saint-Etienne, par exemple, qui fait un colossal commerce d'exportation avec l'*Amérique* — l'*Angleterre* — l'*Allemagne* — la *Russie* — l'*Autriche* — l'*Italie* — la *Grèce* — la *Turquie* — la *Perse* — la *Suisse* — la *Belgique* — l'*Espagne* et le *Portugal*, et d'importation avec la *Chine* et le *Japon ;* les seules puissances représentées sont : l'*Espagne* et l'*Uruguay*, par un vice-consul; l'*Italie* et les *Etats-Unis*, par un agent consulaire.

Le commerce stéphanois s'est plaint, de tout temps, de cet état de choses qui lui occasionne des inconvénients sans nombre, des pertes de temps préjudiciables et un surcroît de dépenses lorsqu'il est obligé de recourir aux chancelleries de Paris ou de Lyon pour obtenir un visa ou une légalisation indispensables. Très fréquemment, aussi, un fabricant refuse une commande ou hésite à conclure un marché avantageux sur une place lointaine, faute de pouvoir se procurer, *à temps*, des renseignements sur la probité et la solvabilité de son correspondant. Il est juste de dire que, depuis quelques années surtout, les Chambres de commerce et les Chambres syndicales peuvent, par leurs relations personnelles, éclairer en partie le commerce de leur ville et en sauvegarder les intérêts. Mais, à ce point de vue, l'organisation actuelle des Chambres de commerce et des Chambres syndicales laisse encore beaucoup à désirer. Elles ont des correspondants sur certaines places étrangères, mais en petit nombre, et, ce qui est plus grave, ne les connaissent, en général, que par correspondance, et nous pourrions citer au moins l'exemple d'une Chambre syndicale, non-seulement trompée par les renseignements de son correspondant, mais encore escroquée par lui tout dernièrement.

Cette lacune, le Comité national français du Congrès des Orientalistes *pourrait* et *devrait* la combler. Il possède dans toutes les villes d'Orient des délégués et des correspondants appartenant à toutes les classes intelligentes de la société. Il les connaît; car, à chaque session du Congrès, ils viennent, malgré la distance, apporter leur part de travail à l'édifice élevé en commun. Ils connaissent presque aussi bien l'Occident que l'Orient et l'on pourrait accorder la plus entière confiance aux renseignements commerciaux fournis par eux.

Que le Comité national français du Congrès des Orientalistes obtienne l'autorisation de créer dans tous les centres industriels des bureaux de renseignements internationaux, correspondant entre eux et avec le Comité, à Paris, et le problème sera résolu.

Le commerce se plaindra moins du petit nombre des consulats des puissances étrangères, puisqu'il n'aura plus affaire à eux que pour des formalités purement administratives.

Rien de plus facile comme exécution que ce projet; mais, pour qu'il réussisse, il est indispensable que l'initiative en soit prise par les Chambres de commerce et les Chambres syndicales et que les commerçants français eux-mêmes veuillent bien s'imposer un léger sacrifice pécuniaire pour les frais d'installation et d'administration de ces bureaux. Nous leur soumettons humblement notre idée, heureux si elle est étudiée et acceptée et si nous pouvons ainsi nous dire que cette trop longue brochure n'aura pas été inutile aux intérêts du commerce français.

Saint-Etienne, imprimerie du *Républicain de la Loire,* J. Besseyre et C¹ᵉ.

www.ingramcontent.com/pod-product-compliance
Lightning Source LLC
Chambersburg PA
CBHW061117050726
47594CB00005B/1977